JN421957

55
끝나지 않는 전쟁

주니어RHK

신화의 가치

신화는 한 민족의 기원이나 역사적 · 종교적 · 문화적 삶의 모습을 보여 주는 옛이야기입니다. 주로 신과 영웅에 관한 이야기가 많고, 오랫동안 입에서 입으로 전해 내려왔다는 특징이 있지요.

우리가 살펴볼 그리스 로마 신화는 고대 그리스와 로마에 전해 오는 신화와 전설을 한데 묶은 것입니다. 그리스 로마 신화는 고대의 삶을 엿보게 해 주는 문화유산일 뿐만 아니라, 세계 여러 나라의 문학과 미술에 큰 영향을 끼쳤습니다. 하지만 문화적 가치만큼이나 중요한 것이 또 있습니다. 오래된 옛이야기이면서도 거기에 담긴 교훈적 가치가 오늘날에도 여전히 쓸모 있고 중요하다는 사실입니다.

놀랍지 않나요? 수천 년 전의 이야기가 어떻게 과학 문명이 고도로 발달한 오늘날에도 통하는 것일까요? 그것은 바로 그리스 로마 신화에 나오는 신과 영웅의 모습이 오늘날 우리의 모습과 다르지 않기 때문입니다. 신들도 우리처럼 분노하고, 질투하고, 실수를 하지요. 그런 모습을 보면서 우리는 깔깔 웃거나 눈물을 흘리고, 교훈과 감동을 얻습니다. 우리가 그리스 로마 신화를 읽어야 하는 까닭이 바로 이것입니다.

신화의 세계로 떠날 여러분에게 한마디 덧붙이자면, 신화는 우리에게 끝없는 상상력을 요구한다는 점입니다. 신화 속에는 수많은 은유와 상징이 곳곳에 널려 있지요. 따라서 신화를 읽을 때에는 상상력을 최대한 발휘하여 신화 속에 숨겨진 의미를 찾고, 그것을 자기 나름대로 재해석하는 과정이 필요합니다. 이렇게 읽었을 때에야 비로소 여러분 앞에 놀라운 삶의 이야기가 펼쳐질 것입니다.

자, 그럼 흥미진진한 신화의 세계 속으로 함께 떠나 볼까요?

트로이 전쟁이 시작되고 어느덧 십 년이 흘렀습니다.
그러나 아무도 전쟁이 어떻게 끝날지 예상하지 못했습니다.
수많은 영웅들이 죽고 사람들은 지쳐 갔습니다.
'이 지긋지긋한 전쟁을 끝내려면 뭔가 특별한 수를 내야 해.
도대체 어떻게 해야 이 전쟁을 끝장낼 수 있을까?'
그리스 장군 오디세우스는 밤잠을 설치며 고민합니다.
앞으로 어떻게 될까요?

주요 등장인물

⚜ 아가멤논 ⚜

그리스 군 총사령관이에요.
동생 메넬라오스의 아내가
트로이로 납치되자 전쟁에 나가요.

⚜ 시논 ⚜

오디세우스와 친척이에요.
트로이 전쟁에서
결정적인 역할을 해요.

⚜ 아킬레우스 ⚜

바다의 여신 테티스와 프티아를 다스리던
펠레우스 사이에서 태어났어요.
용감하고 싸움을 잘하지만
고집이 세고 감정적이에요.

⚜ 헥토르 ⚜

트로이의 왕자로 파리스의
형이에요. 트로이 군의
사령관이자 용기 있는
장수예요.

⚜ 디오메데스 ⚜

헬레네의 구혼자 중 한 명이었어요.
트로이 전쟁에 참가해서 오디세우스를
도와주는 그리스의 용사예요.

⚜ 오디세우스 ⚜

지혜롭고 용감한 이타케 섬의
왕으로 그리스 연합군에
참가해요. 트로이 전쟁에
결정적인 꾀를 내지요.

1
영웅들의 죽음

양쪽 군대의 최고의 장수들이 세상을 떠나고 나니

앞으로 전쟁이 어떻게 될지는

더더욱 알 수 없는 노릇이었습니다.

트로이 전쟁이 시작된 지 어느덧 십 년이 지나고 있었습니다. 트로이 성벽은 그리스 군의 끈질긴 공격에도 끄떡없이 버티고 있었습니다. 사실 트로이의 성벽은 사람의 힘으로 쌓은 것이 아니었습니다.

아폴론이 제우스에게 벌을 받아 트로이에 머물 때였습니다. 성벽 공사를 할 사람을 찾는다는 공고를 보고 아폴론은 신이라는 사실을 숨긴 채 성벽 공사를 맡게 되지요. 건축의 신이기도 했던 아폴론은 열심히 성벽을 쌓아서 삼 년 안에 훌륭하게 공사를 마쳤습니다. 신이 만든 성벽이었으니 인간들의 어지간한 공격에는 끄떡도 하지 않는 것이 당연했습니다.

트로이 군은 그리스 군과 싸움을 벌이다가도 뒤로 물러나 성안으로 들어가면 그만이었습니다. 그리스 군은 그저 트로이 군이 다시 밖으로 나올 때까지 마냥 기다릴 수밖에 없었습니다.

아폴론이 지은 트로이 성벽

아폴론은 자신이 신이라는 사실을 숨긴 채, 트로이의 왕 라오메돈을 찾아가 성벽 공사를 하겠다고 해요. 라오메돈은 그 보상으로 황금을 주기로 하지요. 하지만 아폴론이 시간 안에 공사를 마쳤는데도 약속한 황금을 주지 않았어요. 화가 난 아폴론은 올림포스로 돌아와 라오메돈에 대한 복수로 트로이에 전염병을 퍼뜨렸어요. 전염병이 아폴론의 복수라는 것이 밝혀지자, 라오메돈은 아폴론의 화를 풀어 주려고 자신의 딸 헤시오네를 바닷가 바위에 묶어 바치려고 해요. 마침 헤라클레스가 그곳을 지나가다 바다 괴물로부터 헤시오네를 구해 주었답니다.

성벽뿐만 아니라 양쪽의 군사력 또한 팽팽했습니다. 그리스 군에는 오디세우스나 아킬레우스 같은 훌륭한 영웅이 있었지만, 트로이에도 그에 못지않은 헥토르 같은 영웅이 있었기 때문입니다.

하루는 오디세우스가 싸움터에서 만난 헥토르에게 직접 말했습니다.

"헥토르! 서로에게 피해만 입히는 이런 전투는 그만합시다. 메넬라오스와 파리스가 *담판을 벌여, 이기는 쪽이 헬레네를 차지하는 것이 어떻겠소? 메넬라오스가 진다면 우리는 즉시 이곳을 떠나 그리스로 돌아가겠소."

헥토르는 잠시 생각하더니 말했습니다.

"내 동생 파리스를 위험에 빠뜨릴 수는 없소."

헥토르는 용맹스러운 장군인 동시에 동생을 위해 목숨까지 바칠 만큼 의로운 사람이었습니다.

*담판 서로 맞선 관계에 있는 쌍방이 의논하여 옳고 그름을 판단함.

헬레네를 데려가는 파리스

〈헬레네의 납치〉 구이도 레니

트로이 전쟁이 일어난 원인은 바로 헥토르의 동생 파리스에게 있습니다. 파리스는 아프로디테의 도움으로 세상에서 가장 아름다운 여인 헬레네를 얻게 되었어요. 하지만 불행히도 헬레네는 이미 스파르타의 왕 메넬라오스의 아내였지요. 이 얽히고설킨 관계 때문에 엄청난 전쟁이 일어난 것이랍니다.

결국 그리스 군과 트로이 군은 화해하지 않고 계속 전투를 벌였습니다. 싸움이 계속될수록 많은 병사들의 희생이 이어졌습니다. 아킬레우스의 절친한 친구 파트로클로스도 헥토르의 칼에 맞아 죽고 말았습니다. 이 소식을 전해 들은 아킬레우스는 헥토르에게 복수를 하겠다고 이를 갈았습니다.

다음 날, 트로이 성에서는 헥토르가 다시 전쟁에 나갈 준비를 하고 있었습니다. 헥토르의 아내 안드로마케가 나가지 말라고 헥토르를 막았습니다. 하지만 헥토르는 죽음을 두려워하지 않고 당당하게 전쟁터로 나갔습니다.

그날 전투에서 헥토르는 복수심에 불타는 아킬레우스의 칼에 맞아 죽고 말았습니다.

헥토르의 아내, 안드로마케의 불안한 예감이 맞아떨어진 것이었지요. 헥토르의 죽음에 트로이 사람들은 모두 목 놓아 울었습니다.

트로이의 영웅 헥토르

헥토르는 트로이 군의 총사령관으로 트로이 전쟁에서 그리스 군의 아킬레우스에 버금가는 훌륭한 장수였어요. 뿐만 아니라 무척 현명한 정치인으로 트로이의 왕인 프리아모스보다도 백성들의 사랑을 더 많이 받았지요. 헥토르는 트로이 전쟁에서 목숨을 잃는데, 헥토르는 그 운명을 미리 알았다고 해요. 성안에 남아 있으라는 아내의 부탁을 물리치고 전투에 나가서 죽고 만답니다. 헥토르를 신처럼 떠받들었던 많은 트로이 백성들이 그의 죽음을 무척 슬퍼했어요.

헥토르를 죽인 아킬레우스 또한 오래 살아남지 못했습니다. 파리스가 쏜 화살이 아킬레우스의 약점인 발뒤꿈치에 정확하게 맞는 바람에 아킬레우스도 목숨을 잃고 말았습니다.

양쪽 군대의 최고의 장수들이 세상을 떠나고 나니, 앞으로 전쟁이 어떻게 될지는 더더욱 알 수 없는 노릇이었습니다.

트로이 군이 성안에 틀어박혀 나오지 않을 때면 그리스 군은 트로이를 돕는 나라들과 전쟁을 벌이곤 했습니다.

전쟁이 계속되면서 많은 병사들이 죽고 다쳤습니다. 살아서 포로로 적군에게 잡힌 이들은 노예가 되었고, 여자들은 적의 아내가 되어야만 했습니다.

2
아테나 여신상, 팔라디온

"트로이 사람들은 자신들이 팔라디온을 갖고 있는 한
이 전쟁에서 절대로 패배하지 않을 거라는
믿음을 갖고 있다 하오."

아킬레우스와 헥토르가 죽고 난 뒤에도 전쟁은 계속되었습니다.

오디세우스가 지친 목소리로 중얼거렸습니다.

"도대체 이 전쟁을 언제까지 끌고 가야 한단 말인가……."

그러자 옆에서 듣고 있던 디오메데스가 말했습니다.

"오디세우스, 내가 정보를 하나 얻었소. 어쩌면 이 전쟁을 끝낼 기회를 잡을 수도 있을 것 같소."

"디오메데스, 그게 무엇이오? 당장 알려 주시오."

오디세우스는 전쟁을 끝낼 수 있다는 말에 눈빛에 생기가 돌았

습니다.

"하지만 당신 같은 장군이 꺼려 할 수도 있는 일이라……."

"그게 무슨 말이오? 벌써 십 년째 질질 끌고 있는 전쟁을 끝낼 수 있는 일이라면 못할 것이 없소. 어서 말해 주시오."

오디세우스의 진지한 눈빛에 디오메데스가 입을 열었습니다.

"나도 들은 이야기라 확실하지는 않지만, 지금 같은 상황이라면 그런 이야기라도 믿고 행동해 보는 것이 좋다는 생각이오."

"그러니까 그게 무언지 말을 해 주시오."

"트로이 사람들은 자신들이 팔라디온을 갖고 있는 한 이 전쟁에서 절대로 패배하지 않을 거라는

믿음을 갖고 있다 하오."

"팔라디온이 무엇이기에 그런 말이 나도는 것이오?"

"아테나 여신을 조각상으로 만든 것이라 하오."

오디세우스는 잠시 생각에 잠겼습니다.

"아테나 여신이라면 전쟁의 신이지 않소? 전쟁을 승리로 이끈다는 믿음을 주는 조각상이라……."

"흐음. 그 조각상을 훔쳐 오면 어떻소? 그것을 가져오면 트로이 사람들은 전쟁에서 자신감을 잃을 것이고, 그 반대로 우리 편은 자신감이 생길 게 아니오?"

"훔쳐 올 수만 있다면야 더 말할 것이 없겠지만, 트로이 군이 삼엄하게 지키고 있을 테니 무슨 수로 가져오느냐가 문제지요."

잠시 후, 오디세우스의 얼굴이 환해졌습니다.

"나에게 좋은 생각이 있소. 나만 믿고 따라오시오."

오디세우스는 자신의 계획을 디오메데스에게 알렸습니다. *적진으로 들어가는 것은 목숨을 걸어야 하는 일이었지만, 승리를 위해서라면 가릴 때가 아니었습니다.

오디세우스와 디오메데스는 변장을 하고 트로이 성으로 들어갔습니다. 자신들이 조각을 다듬는 사람이라고 속인 뒤, 팔라디온을 훔쳐 오는 데 성공했습니다. 이제 트로이 군의 사기가 떨어져서 싸움을 포기할 것이라고 잔뜩 기대를 했습니다.

*적진 적이 모여 있는 진지나 진영.

팔라디온을 훔쳐 오는 디오메데스

〈팔라디온을 훔쳐 오는 디오메데스〉 다오메드 페인터

팔라디온은 아테나 여신을 나타내는 신성한 조각으로 주술적인 힘을 가졌다고 해요. 팔라디온을 가지고 있으면 그것을 숭배하는 도시를 지켜주는 힘이 있다고 전해졌어요. 그래서 그리스의 디오메데스는 트로이 전쟁에서 이기기 위해 목숨을 걸고 트로이에서 팔라디온을 훔쳐 옵니다.

하지만 팔라디온이 그리스 군의 손아귀에 들어온 뒤에도 양쪽 군의 사기는 떨어지지도, 올라가지도 않았습니다. 누군가 헛소문을 퍼뜨린 것은 아닌지 의심이 들 정도였습니다.

"트로이 군의 사기가 떨어져서 우리에게 유리한 전세로 돌아설 줄 알았더니 달라진 게 없군."

"목숨까지 걸고 들어가 팔라디온을 훔쳐 왔는데 아무런 효과도 없다니……."

디오메데스와 오디세우스는 한숨을 내쉬었습니다.

잠시 후, 오디세우스는 디오메데스의 어깨에 손을 얹었습니다.

"너무 상심하지 맙시다. 팔라디온이 우리 손으로 들어왔으니 우리는 절대로 패배하지 않을 것이오. 트로이를 무찌를 만한 다른 방법을 생각해 봅시다."

3
편이 갈린 올림포스

여신들도 갈라져서 전쟁을 응원했습니다.

아프로디테는 파리스가 있는 트로이를 응원했고,

파리스의 선택을 받지 못했던 헤라와 아테나는

그리스를 응원했습니다.

이 싸움을 누구보다 관심 있게 지켜보는 올림포스 여신들이 있었습니다.

헤라, 아테나, 아프로디테는 가장 아름다운 여신을 가려 달라고 파리스에게 부탁한 적이 있습니다. 파리스는 자신에게 가장 아름다운 여인을 주겠다고 약속한 아프로디테를 가장 아름다운 여신으로 꼽았습니다. 그리고 그 대가로 만나게 된 여인이 그리스의 왕비였던 헬레네였습니다. 파리스가 헬레네를 트로이로 데려가면서 시작된 두 나라의 긴 전쟁은 여신들의 다툼에서 비롯되었다고도 할 수 있지요.

그래서 여신들도 갈라져서 전쟁을 응원했습니다. 아프로디테는 파리스가 있는 트로이를 응원했고, 파리스의 선택을 받지 못했던 헤라와 아테나는 그리스를 응원했습니다.

가장 아름다운 여인 헬레네

〈파리스와 헬레네의 사랑〉 자크 루이 다비드

제우스는 백조로 변신한 뒤 스파르타의 왕비 레다와 사랑을 나누어요. 제우스와 레다 사이에서 태어난 헬레네는 세상에서 가장 아름다운 여인으로 알려졌어요. 파리스와 사랑에 빠진 헬레네의 모습이에요.

오디세우스와 디오메데스가 팔라디온을 훔쳐 그리스 군 *진영 한가운데에 가져다 놓은 모습을 보고 올림포스 신들이 옥신각신 했습니다.

"자기 편을 들어주는 신의 조각상을 저렇게 함부로 다루다니! 아테나, 화가 나지 않나요? 그러니 이제 그만 트로이 편으로 건너오지 그래요?"

아프로디테가 아테나에게 약을

*진영 군대가 진을 치고 있는 곳.

올렸습니다.

“아테나가 그런 일로 마음이 상할 만큼 소심한 신은 아니지요. 그렇지요?”

헤라가 아테나를 거들며 아프로디테에게 쏘아붙였습니다.

“물론이지요. 나는 끝까지 그리스 편이랍니다.”

아테나는 아프로디테를 뚫어지게 바라보며 말했습니다.

“흠, 그래도 신의 조각상을 저렇게 함부로 다루다니, 나 같으면 화가 날 것 같소.”

아프로디테 옆에 서 있던 아폴론이 아프로디테를 거들었습니다.

“아니, 그들이 승리를 위해 노력하고 있는 모습으로 이해하면 안 되겠어요? 안 그래요, 제우스?”

헤라는 잠자코 있던 제우스를 끌어들였습니다. 제우스는 신들 중의 신이지만, 다른 신들이 하는 일에 나서서 자기 뜻을 내세울 수는 없었습니다.

“내 조각상을 저리 다루었다면 난 당장 가서 번개를 던질 것 같소만…….”

“아니, 뭐예요?”

헤라와 아테나는 동시에 눈을 치켜뜨고 제우스를 보았습니다. 두 여신의 눈초리가 무서웠던지 제우스는 말꼬리를 내렸습니다.

“그렇지만 인간들이 하는 일이니 신은 잠자코 보고 있는 것이 좋겠소. 다들 그렇게 생각하시지요?”

이렇듯 신들마저 팽팽하게 맞서고 있었으니 전쟁이 어느 한 쪽의 승리로 기울 수가 없었습니다.

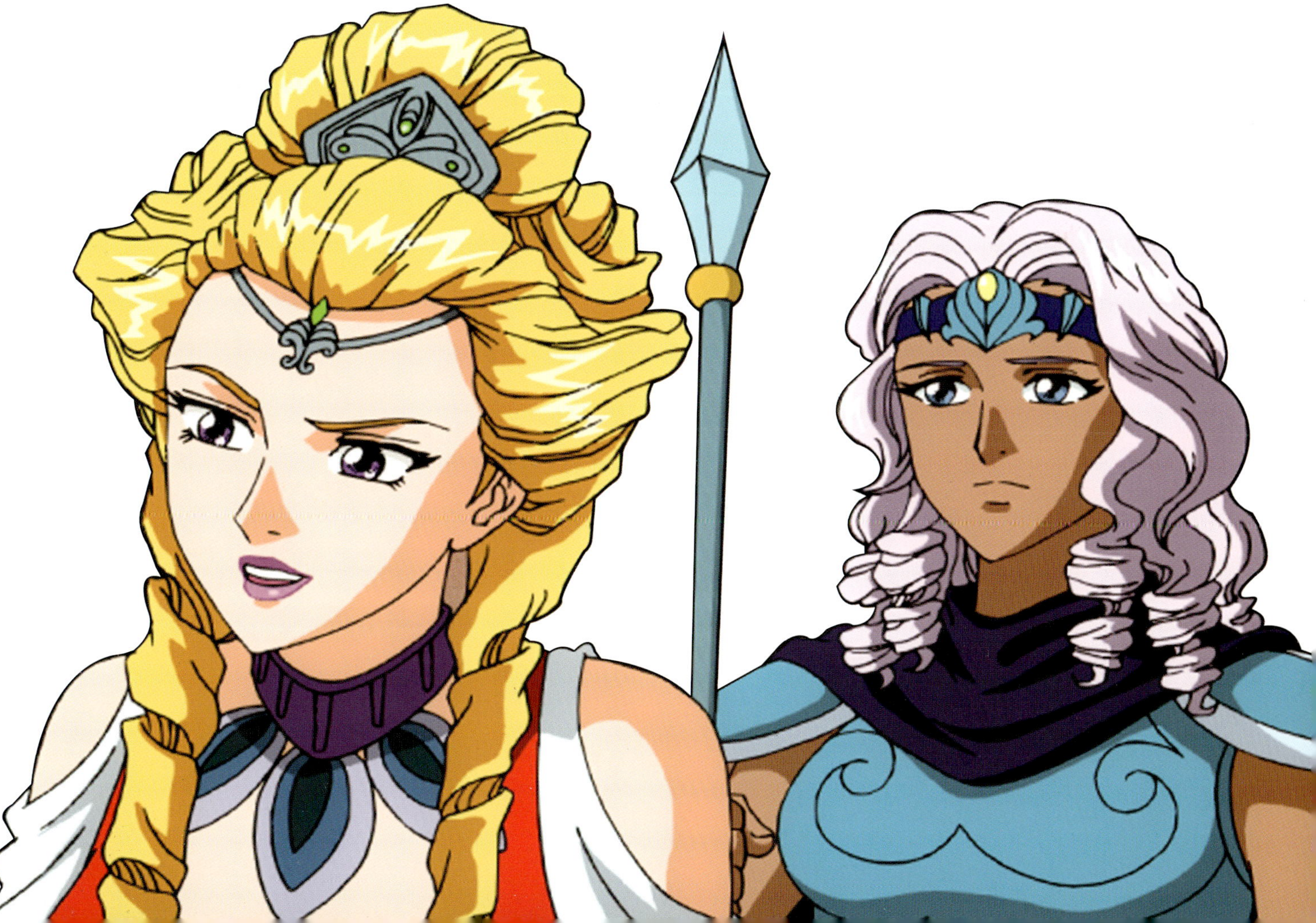

올림포스의 신들처럼 그리스 군과 트로이 군도 팽팽히 맞섰습니다. 몇 번이나 전투를 치르면서도 양쪽이 비슷하게 강했기 때문에 병사들만 죽거나 다쳤습니다. 싸움이 끝나면 시작할 때처럼 다시 원래 위치로 돌아오게 되니 점점 서로 눈치만 보게 되었습니다.

4
목마 선물

"오디세우스 님께 선물을 가져왔습니다."

"아, 너는 시논이 아니더냐? 너도 전쟁에 참가하고
있었단 말이냐?"

오디세우스는 어떻게 하면 전쟁을 끝낼 수 있을지 밤마다 잠을 설치며 고민했습니다. 하지만 그럴듯한 생각이 떠오르지 않았습니다. 그러던 어느 날, 그날도 디오메데스와 함께 전쟁 걱정을 할 때였습니다.

"오디세우스 님께 선물을 가져왔습니다."

한 젊은이가 나무로 만든 말을 들고 다가왔습니다.

"아, 너는 시논이 아니더냐? 너도 전쟁에 참가하고 있었단 말이냐?"

시논은 오디세우스의 친척 동생이었습니다.

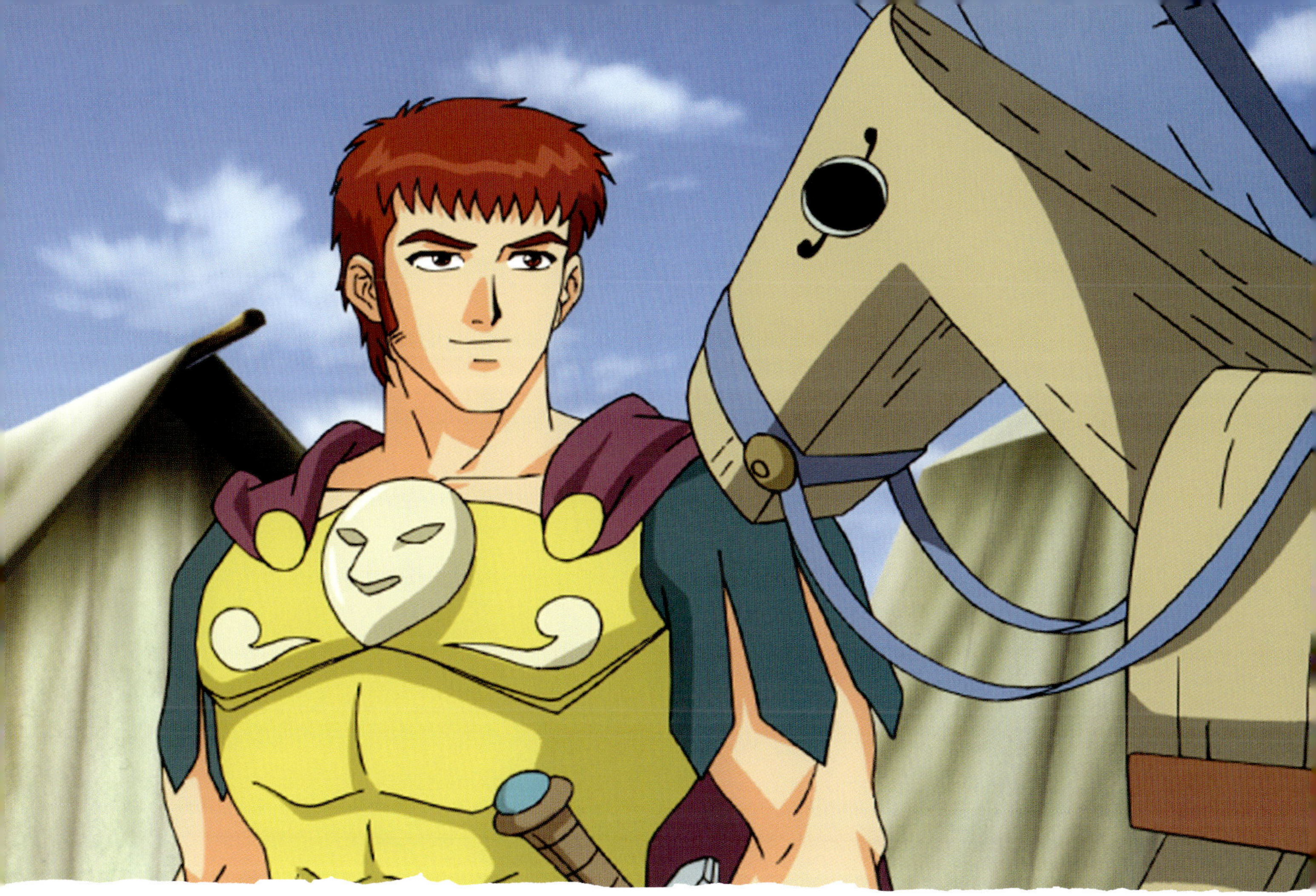

“예. 요새 걱정이 많으시지요? 오디세우스 님이 어린 시절에 *목마를 좋아하셨다는 이야기가 생각나서 만들어 보았습니다.”

“하하. 날 위로해 주려고 만들었구나. 정말 고맙구나.”

오디세우스는 오랜만에 즐거워하며 귀엽게 생긴 목마를 바라보았습니다.

*목마 나무로 말의 모양을 깎아 만든 물건.

그날 밤에도 오디세우스는 잠을 못 이루었습니다.

'아, 그래!'

갑자기 오디세우스가 *침상에서 벌떡 일어났습니다. 오디세우스는 잠자고 있던 디오메데스를 깨웠습니다.

"디오메데스, 내게 좋은 생각이 떠올랐소."

"아니, 이 한밤중에 무슨 말이오?"

오디세우스는 지금이 모두 잠든 새벽이라는 것도 잊을 만큼 오로지 전쟁에 대한 생각뿐이었습니다. 디오메데스도 자리에서 일

*침상 누워서 잘 수 있도록 만든 가구.

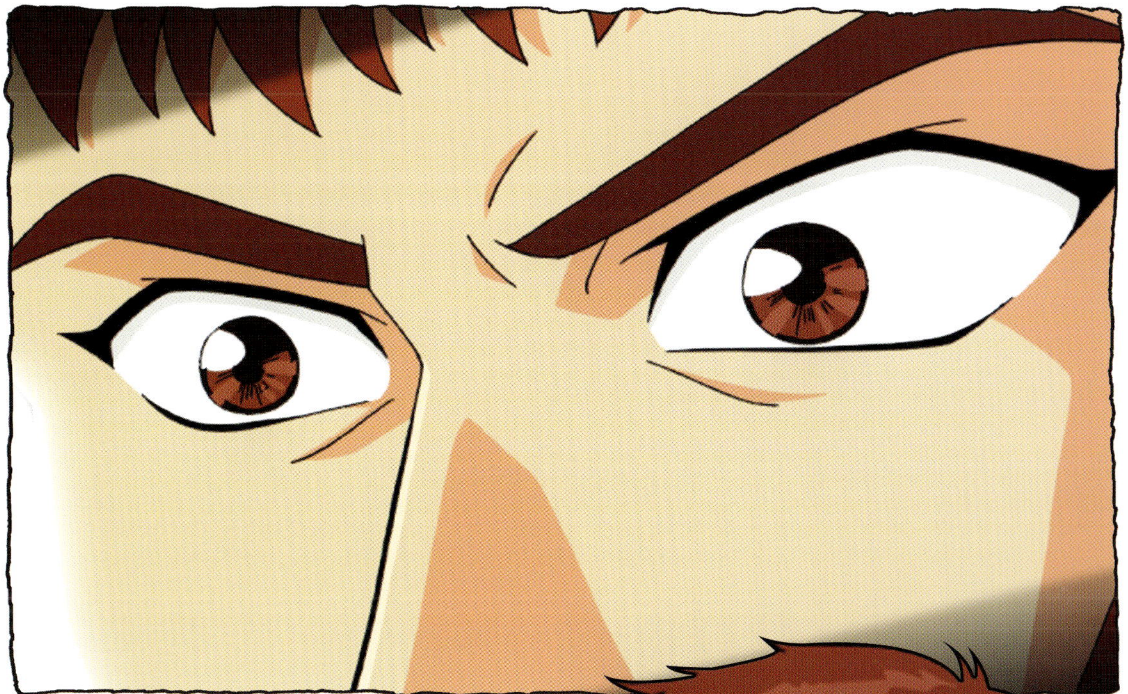

어나 오디세우스의 계획에 대해 들었습니다.

"오디세우스, 내 생각에 그 계획은 무모해 보이는군요. 내일 아침 아가멤논 사령관과 이야기 나누어 보는 것이 좋겠소."

아침에 해가 뜨자마자 오디세우스는 디오메데스와 함께 아가멤논에게로 갔습니다.

"아가멤논 사령관님, 저에게 좋은 생각이 떠올랐습니다. 전에 우리가 사로잡았던 트로이의 예언가 헬레노스가 한 말이 생각나시는지요?"

갑작스러운 오디세우스의 말에 모두 어리둥절했습니다.

"무슨 말을 이야기하는 거요?"

"모든 것을 없앨 기운이 배 속에 도사리고 있는 커다란 말 덕분에 이 전쟁이 끝날 것이라고 했지요. 그 사람이 한 예언에서 좋은 꾀를 얻었습니다. 우리가 커다란 목마를 만들어 그 배 속에 오십 명의 병사를 숨기는 것입니다. 그리고 나머지는 전쟁을 포기하고 돌아가는 것처럼 꾸미는 것입니다."

"그런 다음에요?"

아가멤논이 궁금해 하며 물었습니다.

"트로이 군은 뭣도 모르고 목마를 끌고 성안으로 들어갈 것입니다. 그러면 그 목마에 숨어 있던 우리 병사들이 나와서 성문을 열어 주는 것이지요. 그럼 밖에서 기다리고 있다가 밀고 들어가 한 번에 공격해 버리면 됩니다."

디오메데스가 오디세우스의 말을 가로막았습니다.

“그렇지만 오디세우스, 만약 트로이 군이 우리 생각대로 그 목마를 성안으로 끌고 들어가지 않는다면 어떻게 하오?”

“나에게 다 생각이 있소.”

오디세우스는 디오메데스의 말을 되받아쳤습니다. 하지만 디오메데스도 지지 않고 말을 이었습니다.

그리스 연합군 총사령관 아가멤논

아가멤논은 헬레네의 남편인 스파르타의 왕 메넬라오스의 형이에요. 동생 메넬라오스가 너무 소극적이어서 헬레네와 결혼하고 싶어 하면서도 정작 나서서 구혼하지 못하자 자신이 나서서 헬레네와 동생이 결혼하게 도와주었어요. 트로이 전쟁에서 그리스 연합군 총사령관으로 알려져 있으나 실제 싸움에서는 그리 주도적인 역할을 하지 못했어요.

"만약에 그 목마 배 속에 그리스 군이 숨어 있다는 것을 들키는 날에는 어떻게 되는 겁니까?"

생각만 해도 아찔했기에 오디세우스도 선뜻 말을 하지 못했습니다. 그런데 잠자코 듣고 있던 아가멤논이 입을 열었습니다.

"디오메데스, 당신의 말도 맞소. 하지만 이렇게 아무런 대책도 없이 세월만 보낼 수는 없지 않소? 위험하긴 하겠지만 작은 희망이 있다면 어떤 방법이라도 써 봅시다."

아가멤논의 허락에 디오메데스와 오디세우스는 눈을 마주 보고는 마음을 다졌습니다.

"우리 힘을 합쳐 이번에는 반드시 트로이를 무찌릅시다."

5
그리스의 마지막 작전

"우리 그리스 군이 이 전쟁에서 승리하느냐 패배하느냐는

여러분의 손에 달려 있다.

각오를 단단히 하길 바란다."

곧 커다란 목마를 만드는 공사가 시작되었습니다. 그리스 군에 있는 솜씨 좋은 목수들이 모두 달려들어 목마를 만드는 데 매달렸습니다.

시논도 그들 속에 끼어 열심히 일을 했습니다.

"시논, 네가 고생이 많구나."

"아닙니다, 오디세우스 님. 이것이 모두 그리스를 위한 일 아니겠습니까?"

"시논, 너도 알다시피 이번 작전은 너의 도움으로 세울 수 있었다."

오디세우스는 비록 어리지만 영리하고 용맹스러운 시논이 매우 믿음직스러웠습니다.

"그래서 말인데, 잠시 너와 조용히 이야기 나눌 것이 있다. 나를 따라오너라."

시논은 하던 일을 멈추고 오디세우스를 따라나섰습니다.

오디세우스는 아무도 없는 곳으로 시논을 데리고 갔습니다.

"시논, 지금부터 내 말을 잘 들어라. 나는 이번 작전에 마지막 희망을 걸고 있다. 이번이야말로 이 긴 전쟁을 끝낼 수 있는 절호의 기회라고 생각한다. 그래서 이 작전에는 누구보다 나를 믿고 따라 줄 사람이 필요하다. 네가 그 일을 해 주었으면 한다."

오디세우스의 말에 시논은 깜짝 놀랐습니다.

"그리스 군에는 다른 훌륭한 영웅들이 많이 있습니다. 그런데 저 같은 *신병이 그런 중요한 일을 맡아도 괜찮을까요?"

시논은 오디세우스가 자신을 믿어 주는 것은 감사했지만 자신이 할 수 있을지 걱정이 됐습니다.

"그런 걱정은 말아라. 난 너를 예전부터 지켜본 사람이다. 너에게는 용기와 지혜가 충분하다. 무엇보다도 그리스에 대한 *충성심이 넘쳐 흐르니 너보다 더 적합한 인물은 없을 것이다."

시논은 오디세우스의 말에 감동했습니다.

*신병 새로 입대한 병사.
*충성심 임금이나 국가에 대해 진정으로 우러나오는 정성스러운 마음.

"오디세우스 님, 저를 이렇게 믿어 주셔서 감사합니다. 무슨 일이든 맡겨 주시면 최선을 다하겠습니다."

시논은 오디세우스에게 충성을 맹세했습니다. 오디세우스는 시논이 이번 작전에서 해야 할 일을 알려 주었습니다. 시논이 맡은 일은 목마의 배 속에 들어가는 군인들의 목숨을 책임지는 중요한 일이었습니다. 시논은 반드시 잘 해내겠다고 다짐했습니다.

한편, 군사들에게도 그리스 군이 새로운 작전을 펼칠 것이라는 이야기를 전했습니다. 하지만 혹시라도 첩자가 있을지 몰라 정확히 어떤 계획인지는 알리지 않았습니다.

하지만 군대 분위기는 승리에 대한 기대감으로 한껏 부풀어 올랐습니다.

군사들은 더욱 열심히 훈련을 받고 체력을 단련했습니다.

디오메데스와 오디세우스는 이 모습을 멀리서 지켜보고 있었습니다.

"오디세우스, 모두 이번 작전에 기대가 큰 것 같소. 이렇게 사기가 오른 모습은 오랜만에 보는 것 같소."

"그렇군요. 이 기세라면 승리할 수 있을 것이오. 디오메데스, 이제야 이번 전쟁의 끝이 보이는 것 같지 않소?"

디오메데스는 고개를 끄덕이며 말했습니다.

"사령관님 말씀대로 지금은 어떤 수를 써서라도 끝맺음을 지어야 할 때요. 이번에는 반드시 승리합시다."

오디세우스와 디오메데스는 굳은 의지가 담긴 눈길을 주고받았습니다.

며칠 뒤, 드디어 거대한 목마가 완성되었습니다. 비밀리에 그 속에 들어갈 오십 명의 병사들도 뽑았습니다. 중요하고도 무척 위험한 *임무를 맡게 된 병사들이었습니다.

"우리 그리스 군이 이 전쟁에서 승리하느냐 패배하느냐는 여러분의 손에 달려 있다. 각오를 단단히 하길 바란다."

오디세우스가 아주 *비장한 목소리로 뽑힌 병사들에게 말했습니다.

이때 디오메데스가 나섰습니다.

"내가 목마 안에 들어가 병사들을 지휘하겠소."

"디오메데스! 목마 안은 위험할 수도 있소."

"우리 중에 목숨을 걸지 않고 싸우러 나가는 자가 누가 있겠소? 그리스의 승리를 위해서 마지막까지 최선을 다하겠소. 목마 안은 나에게 맡겨 주시오."

*임무 맡은 일. 또는 맡겨진 일.
*비장하다 슬프면서도 그 감정을 억눌러 씩씩하고 장하다.

역사를 바꿀 트로이 목마

〈트로이 목마 만들기〉 조반니 바티스타 티에폴로

그리스 군이 트로이를 멸망시킬 목마를 만들고 있어요. 수많은 그리스 군을 숨겨 줄 만큼 거대한 목마였지요. 이 거대한 목마가 과연 십 년 동안이나 계속된 전쟁을 끝낼 수 있을까요?

오디세우스는 디오메데스의 말에 깊이 감동했습니다.

"그렇소, 이제 우리는 모든 운명을 이 목마에 걸었소. 한마음으로 승리를 위해 나아갑시다."

"예!"

그 자리에 모여 있던 사람들 모두 한마음으로 대답을 했습니다.

과연 이 거대한 목마가 그리스에게 승리를 안겨 줄지는 올림포스의 신들도 모를 일이었습니다.

신화 OLYMPUS GUARDIAN 뒷이야기

1870년 독일의 고고학자인 하인리히 슐리만이 트로이의 유적을 발굴하기 전까지 역사학자들은 트로이 전쟁은 그저 전해 내려오는 이야기라고 생각했습니다. 유적이 발굴되면서 트로이 전쟁은 인간의 역사에서 가장 오래된 전쟁이었고, 전쟁이 얼마나 인간의 삶을 파괴하고 쓸모없는 일인지를 확실하게 보여 주는 실제의 이야기로 받아들여졌습니다. 트로이 전쟁은 유럽과 아시아 사이에 일어난 첫 전쟁이기도 합니다.

신화에서는 이 전쟁이 세 여신들이 아름다움을 다투면서 일어났다고 합니다. 하지만 이 이야기는 실제 전쟁 이야기가 전해지는 과정에서 재미있게 해석된 것이겠지요. 실제 전쟁은 아마도 두 지역 간 경제나 정치적인 문제에서 시작되었을 것입니다.

헬레네가 선택한 메넬라오스가 여러 구혼자들 중에서 가장 부자였다고 전하는 것을 보면, 그 시대에도 경제적인 조건이 사람들의 삶에 아주 크게 영향을 미쳤음을 알 수 있습니다. 게다가 건축의 신 아폴론이 건축을 맡았다고 전해질 만큼 크고 튼튼한 성벽을 세운 트로이의 경제력도 대단했을 것입니다. 성벽을 세운 대가로 지불한 황금도 어마어마한 양이었을 테지요.

헬레네를 사랑했던 구혼자들이 헬레네의 남편 편을 들어 전쟁에 동참하기로 했다는 이야기도 재미있게 꾸며진 이야기일 겁니다. 사실 메넬라오스는 그리스 지역에서 가장 부유한 왕이었습니다. 그리스 지역의 여러 왕들은 메넬라오스와 힘을 합쳐 트로이를 쳐부수면 그들 몫으로 떨어질 이익이 클 거라고 생각했겠지요. 그래서 함께 트로이를 정복하자는 메넬라오스의 권유에 힘을 보탰을 것입니다.

올림포스 신들의 계보

크로노스 + 레아
하데스
지하 세계의 왕
포세이돈
바다의 신
제우스
신들의 왕
헤라
신들의 여왕,
제우스의 아내
헤스티아
난로 · 불의 여신
데메테르
대지의 여신
아테나
지혜 · 전쟁의 여신
제우스 + 메티스
아폴론
의술 · 음악의 신
제우스 + 레토
아르테미스
사냥 · 순결의 여신
아스클레피오스
의술의 신
아레스
전쟁의 신
제우스 + 헤라
헤파이스토스
대장간의 신
제우스 + 디오네
아프로디테
헤파이스토스의 아내,
미의 여신
에로스
사랑의 신
헤르메스
신들의 전령,
상업의 신
제우스 + 마이아
디오니소스
술의 신
제우스 + 세멜레
페르세포네
하데스의 아내
지하 세계의 여왕
제우스 + 데메테르

그리스 로마 신화 주요 인물의 이름

그리스 어	로마 어	영어
가이아	텔루스	
니케	빅토리아	나이키, 빅토리
데메테르	케레스	세레스
디오니소스	바쿠스	바커스
레아	키벨레	시벨레
아레스	마르스	마스
아르테미스	디아나	다이애나
아테나	아테네, 미네르바	
아폴론	아폴로	아폴로
아프로디테	베누스	비너스
에로스	쿠피드, 아모르	큐피드
오디세우스	울릭세스	율리시스
우라노스	카일루스	유러너스
제우스	유피테르	주피터
크로노스	사투르누스	새턴
페르세포네	프로세르피나	
포세이돈	넵투누스	넵튠
하데스	플루톤	플루토
헤라	유노	주노
헤라클레스	헤르쿨레스	허큘리스
헤르메스	메르쿠리우스	머큐리
헤스티아	베스타	
헤파이스토스	불카누스	벌컨

그리스 로마 신화 올림포스 가디언 55

끝나지 않는 전쟁

펴낸이 양원석

펴낸곳 (주)알에이치코리아

등록 2004년 1월 15일 제2-3726호

주소 서울특별시 금천구 가산디지털2로 53, 20층 (한라시그마밸리)

문의전화 02)6443-8800

ISBN 978-89-255-4371-0(74800)

ISBN 978-89-255-4354-3(세트)

값 **12,800원**

애니메이션 및 캐릭터 저작권 ⓒ SBS, SBS콘텐츠허브, 가나미디어, 동우애니메이션

출판 저작권 ⓒ ㈜알에이치코리아

원작 만화로 보는 그리스 로마 신화(가나출판사)

이광진 엮음, 홍은영 그림

명화 구입처 유로크레온(주)

※잘못된 책은 구입하신 곳에서 바꾸어 드립니다.

※책 모서리가 날카로워 다칠 수 있으니 사람을 향해 던지거나 떨어뜨리지 마십시오.

알에이치코리아 홈페이지와 카페, SNS로 들어오시면 자사 도서에 대한 더 많은 정보와 다양한 이벤트 혜택을 확인할 수 있으며,
E-book몰에서는 전자북으로도 만나볼 수 있습니다.

주니어RHK 홈페이지 http://jrrhk.com | **E-book몰(RHK북스)** http://ebook.rhk.co.kr | **북카페** http://cafe.naver.com/randomhousekorea
페이스북 https://www.facebook.com/rhk.co.kr | **트위터** @randomhouse_kr | **유튜브** http://www.youtube.com/randomhousekorea